Impressum
Verlag: BABADADA GmbH, Nedderfeld 112 , 22529 Hamburg
Geschäftsführer / Verlagsleitung: Harald Hof
Druck: Books on Demand GmbH, In de Tarpen 42, 22848 Norderstedt

Imprint
Publisher: BABADADA GmbH, Nedderfeld 112 , 22529 Hamburg, Germany
Managing Director / Publishing direction: Harald Hof
Print: Books on Demand GmbH, In de Tarpen 42, 22848 Norderstedt

Szkoła
escola

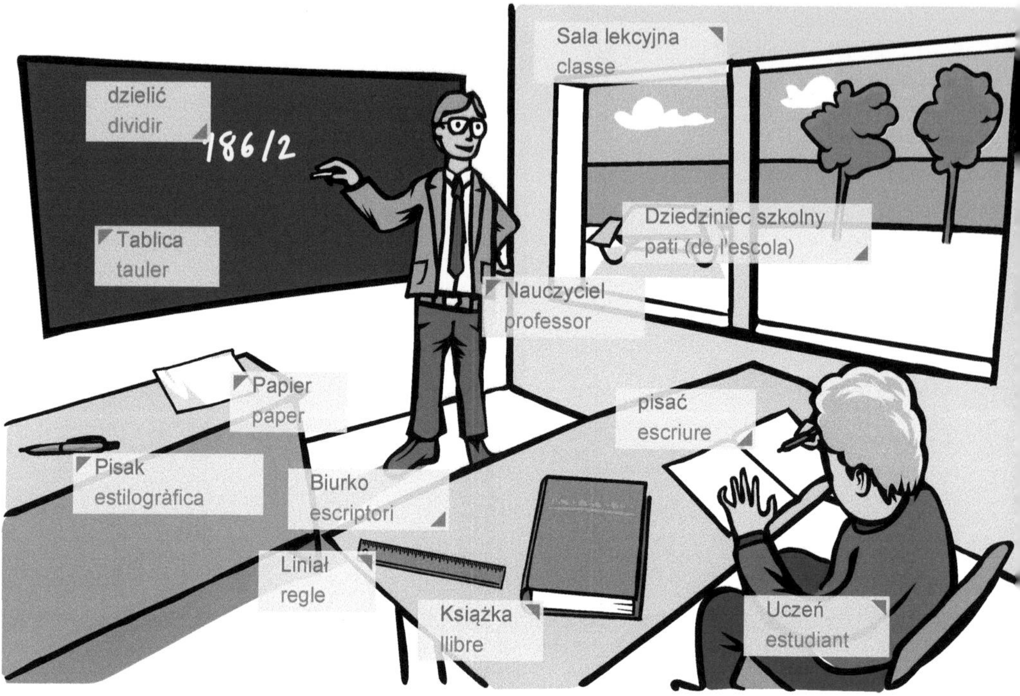

Sala lekcyjna
classe

dzielić
dividir

186/2

Tablica
tauler

Dziedziniec szkolny
pati (de l'escola)

Nauczyciel
professor

Papier
paper

pisać
escriure

Pisak
estilogràfica

Biurko
escriptori

Liniał
regle

Książka
llibre

Uczeń
estudiant

Plecak szkolny

bossa

Piórnik

estoig

Ołówek

llapis

Temperówka

maquineta de fer punta

Gumka do mazania

goma

Blok rysunkowy

bloc de dibuix

Rysunek

dibuix

Pędzel

pinzell

Pudełko z akwarelami

capsa de pintures

Nożyce

tisores

Klej

cola

Książka do ćwiczenia

quadern d'exercicis

Zadanie domowe

deures

Liczba

nombre

dodawać

afegir

odejmować

sostreure

mnożyć

multiplicar

liczyć

calcular

Litera

lletra

Alfabet

alfabet

Słowo

mot

Tekst

text

czytać

llegir

Kreda

guix

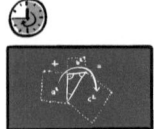

Godzina

lliçó

Dziennik lekcyjny

llibre de classe

Egzamin

examen

Świadectwo

certificat

Mundurek szkolny

uniforme escolar

Wykształcenie

formació

Leksykon

enciclopèdia

Uniwersytet

universitat

Mikroskop

microscopi

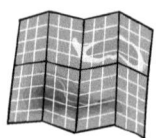

Mapa

mapa

Kosz na odpadki

paperera

Podróż
viatge

Hotel
hotel
Grand
Schronisko
alberg
ROOMS
Kantor wymiany walut
oficina de canvi
EXCHANGE
Walizka
maleta
Auto
automòbil

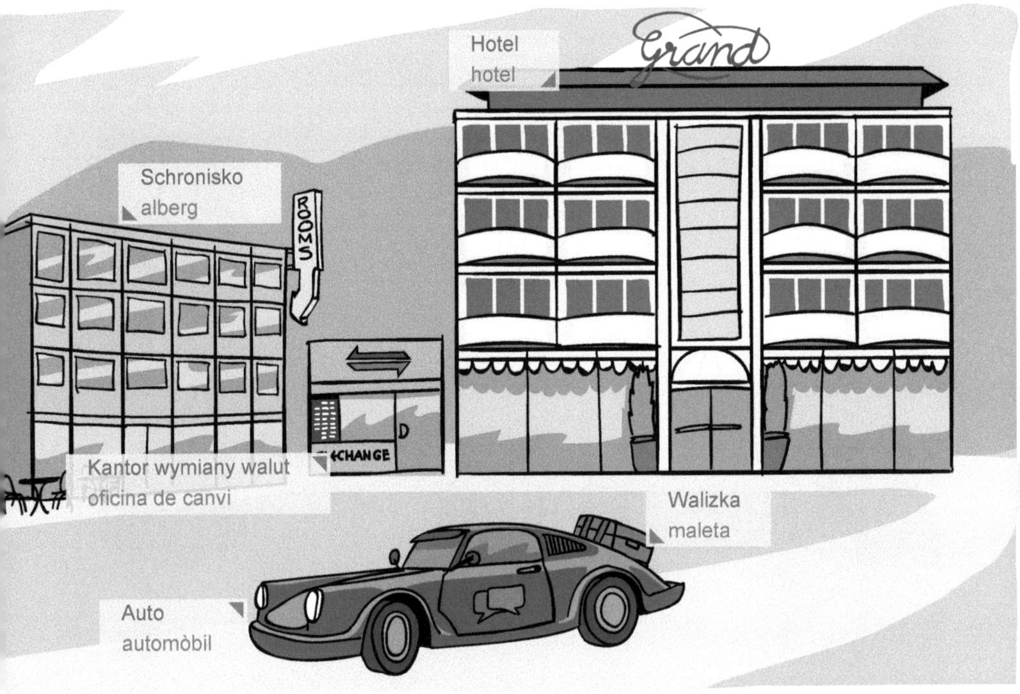

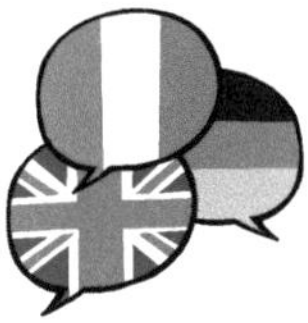

Język
llengua

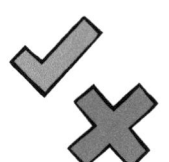

tak / nie
sí / no

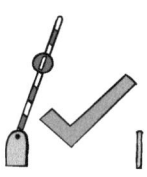

OK
D'acord

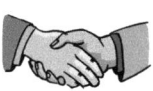

Halo
Ey!

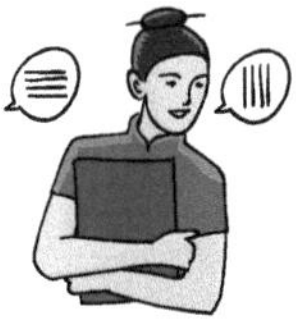

Tłumacz
traductora

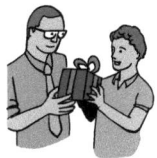

Dziękuję
gràcies

Ile kosztuje ...?

Quant costa... ?

Nie rozumiem

No entenc

Problem

problema

Dobry wieczór!

Bona nit!

Dzień dobry!

bon dia!

Dobranoc!

bona nit!

Do widzenia

fins aviat

Kierunek

direcció

Bagaż

bagatge

Torba

bossa

Plecak

sarrona

Gość

convidat

Pokój

cambra

Śpiwór

sac de dormir

Namiot

tenda

Informacja turystyczna

oficina de turisme

Plaża

platja

Karta kredytowa

carta de crèdit

Śniadanie

esmorzar

Obiad

dinar

Kolacja

sopar

Bilet

bitllet

Winda

ascensor

Znaczek na list

segell

Granica

frontera

Cło

duana

Ambasada

ambaixada

Wiza

visat

Paszport

passaport

Transport
transport

Samolot
vol

Statek
vaixell

Pojazd straży pożarnej
automòbil dels bombers

Autobus
bus

Samochód ciężarowy
camió

Łódź motorowa
llanxa de motor

Auto
automòbil

Rower
bicicleta

Prom
transbordador

Łódź
barca

Motocykl
moto

Radiowóz policyjny
automòbil de policia

Samochód wyścigowy
automòbil de curses

Samochód wypożyczony
automòbil de lloguer

Transport - transport

Wspólne przejazdy
samochodem
....
vehicle compartit

Samochód pomocy
drogowej
grua
....

Śmieciarka
....
camió de les escombraries

Silnik
....
motor

Benzyna
....
benzina

Stacja benzynowa
....
benzineria

Znak drogowy
....
senyal de trànsit

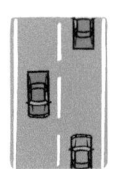

Ruch
....
trànsit

Korek
....
embús

Parking
....
aparcament

Dworzec
....
estació de trens

Szyny
....
vies

Pociąg
....
tren

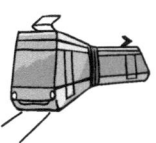

Tramwaj
....
tramvia

Wagon
....
vagó

Helikopter

helicòpter

Lotnisko

aeroport

Wieża

torre

Pasażer

passatger

Kontener

contenidor

Karton

capsa de cartó

Taczka

carretó

Kosz

cistella

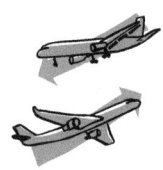

startować / lądować

enlairar-se / aterrar

Miasto
ciutat

Wieś

poble

Centrum miasta

centre de la ciutat

Dom

casa

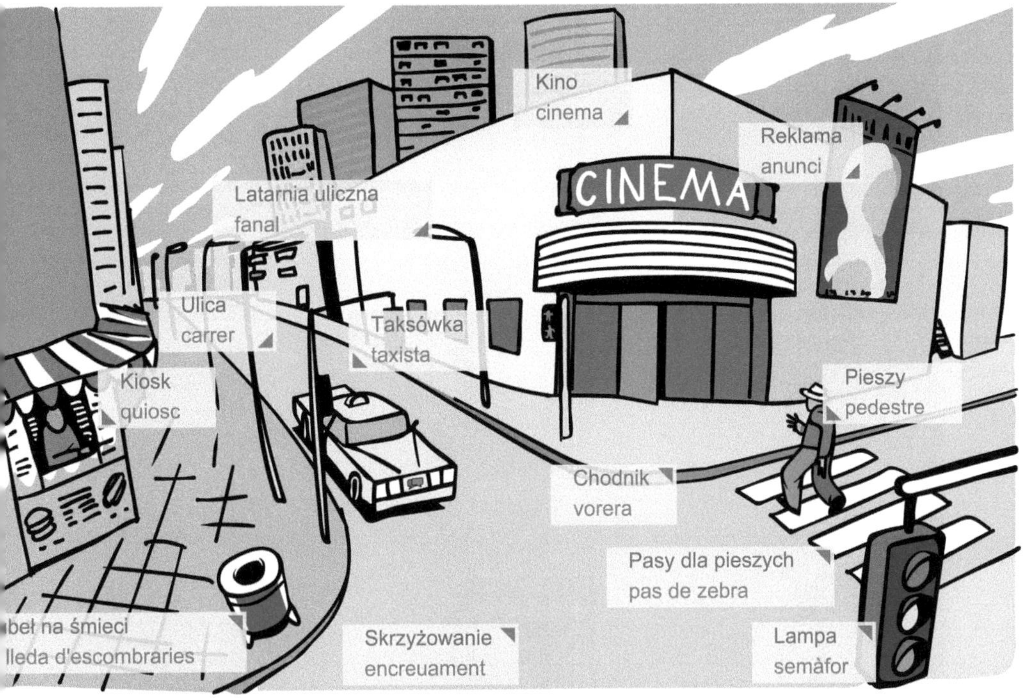

Kino
cinema
Reklama
anunci
CINEMA
Latarnia uliczna
fanal
Ulica
carrer
Taksówka
taxista
Kiosk
quiosc
Pieszy
pedestre
Chodnik
vorera
Pasy dla pieszych
pas de zebra
bel na śmieci
lleda d'escombraries
Skrzyżowanie
encreuament
Lampa
semàfor

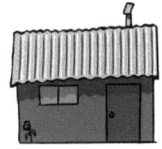

Chata

cabana

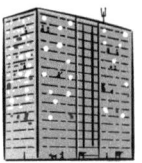

Mieszkanie

apartament

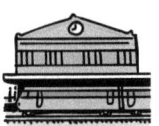

Dworzec

estació de trens

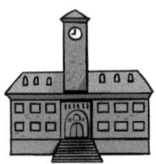

Ratusz

casa de la vila-ciutat

MUSEUM

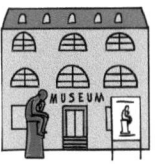

Muzeum

museu

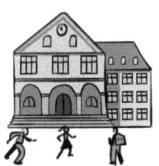

Szkoła

escola

Uniwersytet	Bank	Szpital
universitat	banca	hospital

Hotel	Apteka	Biuro
hotel	farmàcia	oficina

Księgarnia	Sklep	Kwiaciarnia
llibreria	botiga	floristeria

Supermarket	Rynek	Dom towarowy
supermercat	mercat	gran magatzem

Sklep z rybami	Centrum handlowe	Port
peixateria	centre comercial	port

Park
parc

Ławka
banc

Most
pont

Schody
escala

Metro
metro

Tunel
túnel

Przystanek autobusowy
parada d'autobús

Bar
bar

Restauracja
restaurant

Skrzynka na listy
bústia de correu

Tabliczka z nazwą ulicy
senyal indicador

Parkometr
parquímetre

Zoo
zoo

Łaźnia
piscina

Meczet
mesquita

Gospodarstwo chłopskie
....
granja

Zanieczyszczenie
środowiska
....
pol·lució

Cmentarz
....
cementiri

Kościół
....
església

Plac zabaw
....
parc infantil

Świątynia
....
temple

Krajobraz
paisatge

Liść
fulla

Drogowskaz
cartell indicador

Droga
camí

Łąka
prat

Kamień
pedra

Drzewo
arbre

Wędrowiec
excursionista

Rzeka
riu

Trawa
gespa

Kwiat
flor

Dolina

vall

Góra

muntanya

Jezioro

llac

Las

bosc

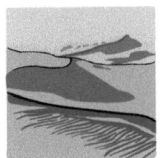

Pustynia

desert

Wulkan

volcà

Zamek

castell

Tęcza

arc de Sant Martí

Grzyb

bolet

Palma

palmera

Komar

moscard

Mucha

mosca

Mrówka

formiga

Pszczoła

abella

Pająk

aranya

Chrząszcz

escarabat

Żaba

granota

Wiewiórka

esquirol

Jeż

eriçó

Zając

llebre

Sowa

òliba

Ptak

ocell

Łabędź

cigne

Dzik

senglar

Jeleń

cervo

Łoś

ant

Tama

presa

Wiatrak

turbina

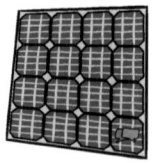

Moduł solarny

panell solar

Klimat

clima

Restauracja
restaurant

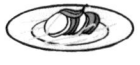

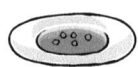

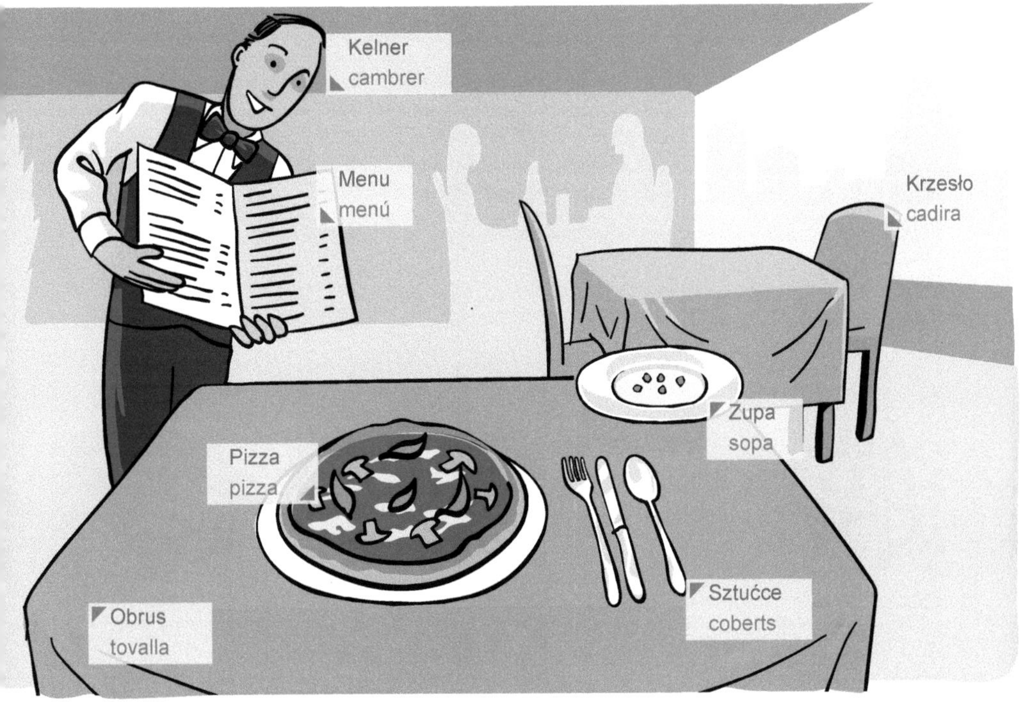
Kelner
cambrer
Menu
menú
Krzesło
cadira
Zupa
sopa
Pizza
pizza
Obrus
tovalla
Sztućce
coberts

Przystawka

primer plat

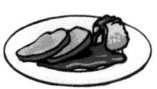

Danie główne

plat principal

Deser

darreries

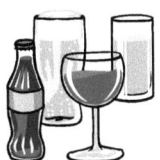

Napoje

begudes

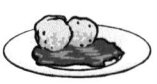

Jedzenie

menjar

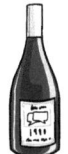

Butelka

ampolla

Fastfood

menjar ràpid

Streetfood

menjar de carrer

Dzbanek na herbatę

tetera

Cukierniczka

sucrer

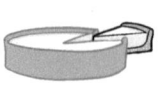

Porcja

porció

Zaparzarka do espresso

màquina d'espresso

Krzesło dla dziecka

trona

Rachunek

factura

Taca

plata

Noż

ganivet

Widelec

forqueta

Łyżka

cullera

Łyżeczka

cullereta

Serwetka

tovalló

Szklanka

got

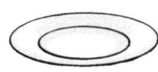

Talerz	Talerz do zupy	Podstawek pod filiżankę
plat	plat de sopa	plateret

Sos	Solniczka	Młynek do pieprzu
salsa	saler	molinet de pebre

Ocet	Olej	Przyprawy
vinagre	oli	espècies

Keczup	Musztarda	Majonez
quètxup	mostassa	maionesa

Supermarket
supermercat

Oferta
oferta especial
FOR
Klient
client
Produkty mleczne
productes lactis
Owoce
fruites
Wózek sklepowy
carret de la compra

BUTCHERS

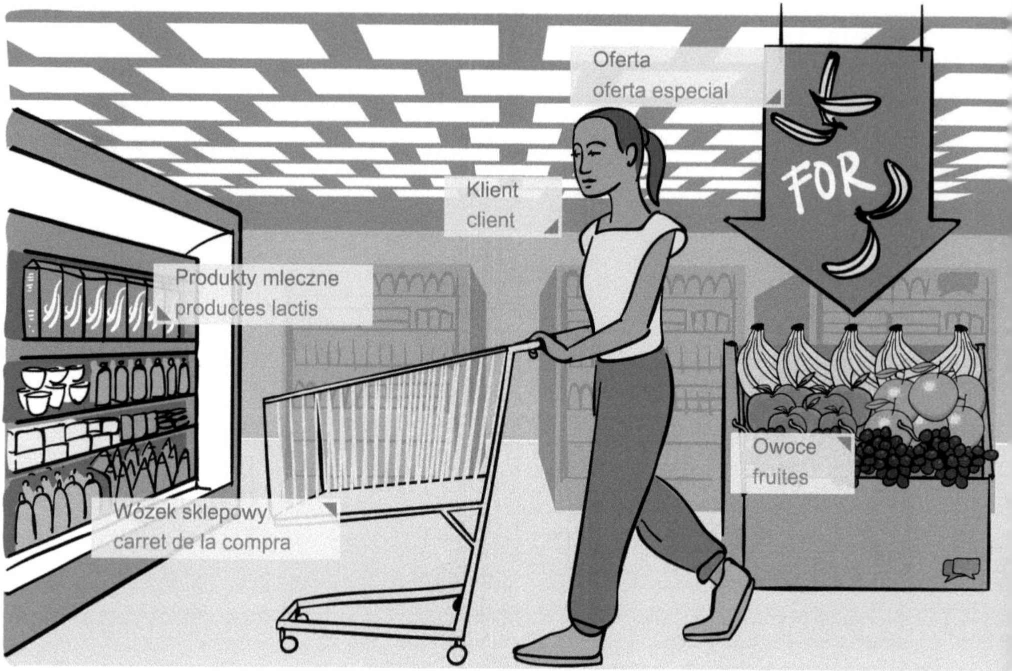

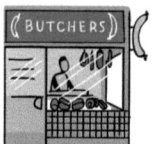

Rzeźnia

carnisseria

BAKERY

Piekarnia

forn de pa

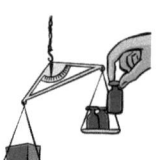

ważyć

pesar

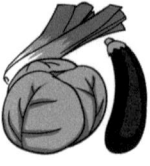

Warzywa

verdures

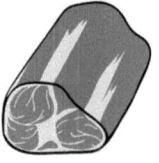

Mięso

carn

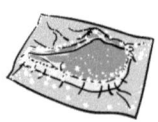

Mrożonki

menjar congelat

Wędliny

carn freda

Konserwy

conserves

Proszek m do prania

detergent en pols

Słodycze

dolços

Artykuły użytku domowego

articles domèstics

Środek czyszczący

productes de neteja

Sprzedawczyni

venedora

Kasa

caixa registradora

Kasjer

caixera

Lista zakupów

llista de la compra

Godziny otwarcia

horari d'obertura

Portfel

portamonedes

Karta kredytowa

carta de crèdit

Torba

bossa

Torebka plastikowa

bossa de plàstic

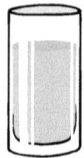

Woda

aigua

Sok

suc

Mleko

llet

Cola

coca-cola

Wino

vi

Piwo

cervesa

Alkohol

alcohol

Kakao

cacau

Herbata

te

Kawa

cafè

Espresso

espresso

Cappuccino

cappuccino

Banan

banana

Jabłko

poma

Pomarańcza

taronja

Arbuz

síndria

Cytryna

llimona

Marchew

pastanaga

Czosnek

all

Bambus

bambú

Cebula

ceba

Grzyb

bolet

Orzechy

avellanes

Makaron

fideus

Spaghetti

espaguetis

Ryż

arròs

Sałatka

amanida

Frytki

patates fregides

Ziemniaki pieczone

patates fregides

Pizza

pizza

Hamburger

hamburguesa

Kanapka

entrepà

Sznycel

escalopa

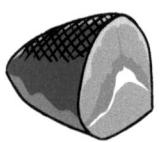

Szynka

cuixot

Salami

salami

Kiełbasa

salsitxa

Kura

pollastre

Pieczeń

rostit

Ryba

peix

Płatki owsiane

flocs de civada

Musli

musli

Płatki kukurydziane

cereals

Mąka

farina

Croissant

croissant

Bułka

panet

Chleb

pa

Toast

torrada

Ciastka

bescuits

Masło

mantega

Twarożek

mató

Ciasto

pastís

Jajko

ou

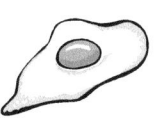

Jajko sadzone

ou fregit

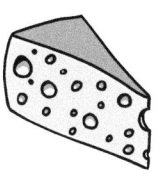

Ser

formatge

Lody

gelat

Cukier

sucre

Miód

mel

Marmolada

melmelada

Krem nugatowy

crema de xocolata

Curry

curri

Gospodarstwo chłopskie

granja

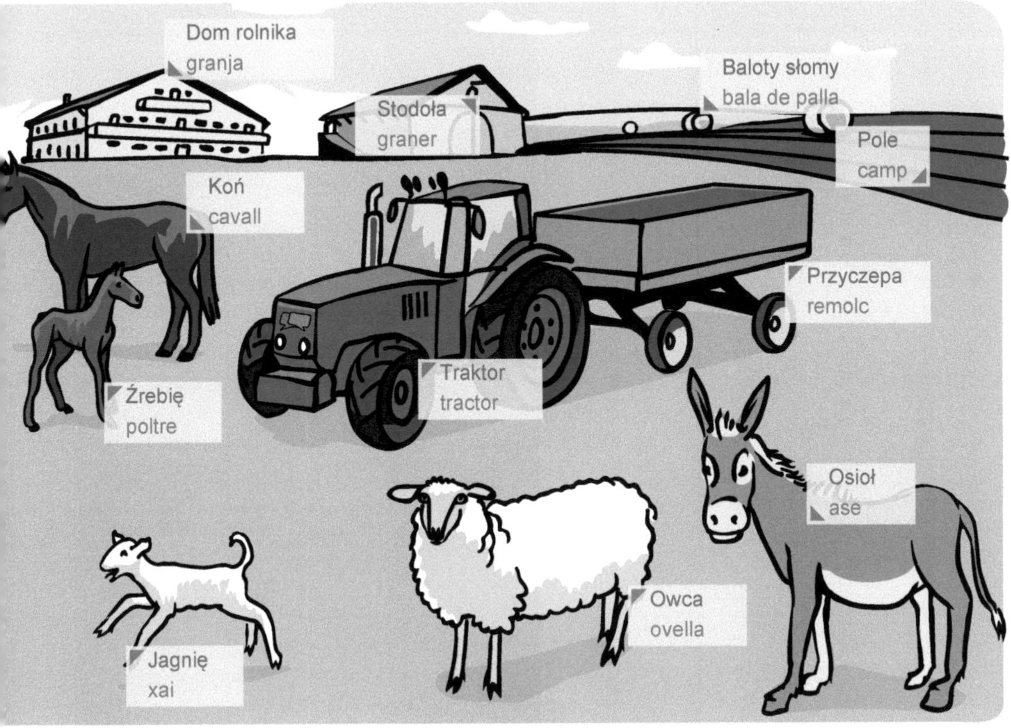
Dom rolnika
granja
Stodoła
graner
Baloty słomy
bala de palla
Pole
camp
Koń
cavall
Przyczepa
remolc
Traktor
tractor
Źrebię
poltre
Osioł
ase
Owca
ovella
Jagnię
xai

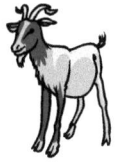

Koza

cabra

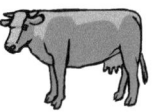

Krowa

vaca

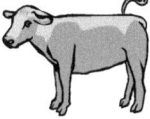

Cielę

vedella

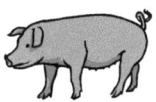

Świnia

porc

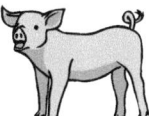

Prosię

garrí

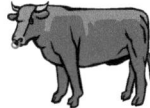

Byk

bou

Gęś

oca

Kaczka

ànec

Kurczątko

poll

Kura

gall

Kogut

gallina

Szczur

rata

Kot

gat

Mysz

ratolí

Osioł

bou

Pies

gos

Buda dla psa

gossera

Wąż ogrodowy

mànega de regar

Konewka

regadora

Kosa

dalla

Pług

arada

Sierp

falç

Graca

aixada

Widły

forca

Siekiera

destral

Taczka

carretó

Koryto

abeurador

Kanka na mleko

lletera

Worek

sac

Płot

tanca

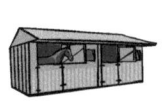

Stajnia

establa

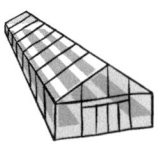

Szklarnia

hivernacle

Ziemia

sòl

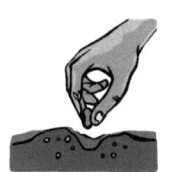

Nasiona

llavor

Nawóz

adob

Kombajn zbożowy

collidora

Gospodarstwo chłopskie - granja

zbierać

collir

Żniwa

collita

Podchrzyn

nyam

Pszenica

blat

Soja

soja

Ziemniak

patata

Kukurydza

blat de moro o d'indi

Rzepak

colza

Drzewo owocowe

arbre fruiter

Maniok

mandioca

Zboże

cereals

Dom
casa

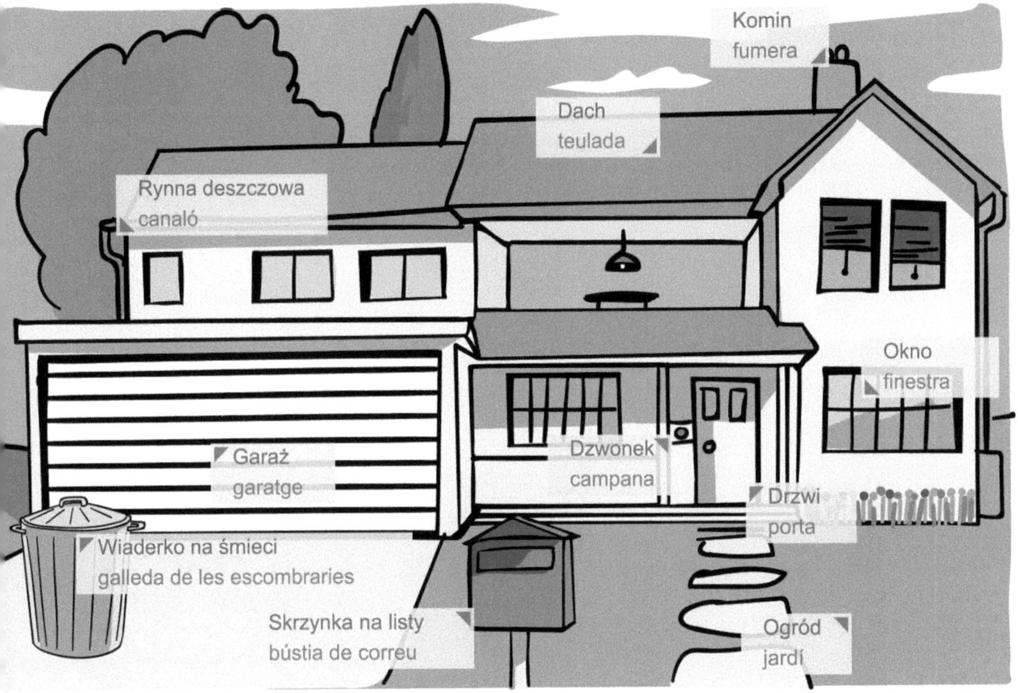
Komin
fumera
Dach
teulada
Rynna deszczowa
canaló
Okno
finestra
Garaż
garatge
Dzwonek
campana
Drzwi
porta
Wiaderko na śmieci
galleda de les escombraries
Skrzynka na listy
bústia de correu
Ogród
jardí

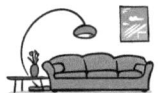

Pokój dzienny

sala d'estar

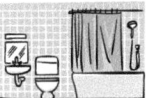

Łazienka

bany

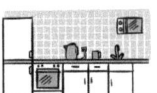

Kuchnia

cuina

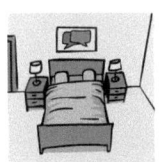

Sypialnia

cambra de dormir

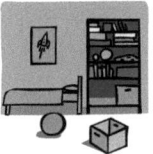

Pokój dziecięcy

cambra de nen

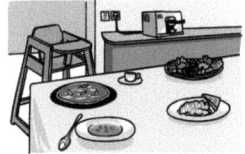

Jadalnia

menjador

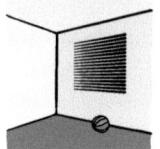

Ziemia

sòl

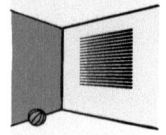

Ściana

paret

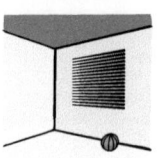

Koc

sostre

Piwnica

soterrani

Sauna

sauna

Balkon

balcó

Taras

terrassa

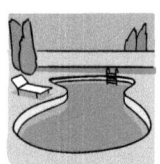

Basen

piscina

Kosiarka do trawy

tallagespa

Poszwa

vànova

Kołdra

cobrellit

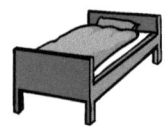

Łóżko

llit

Miotła

escombra

Wiadro

galleda

Włącznik

interruptor

Dom - casa

Pokój dzienny
sala d'estar

Tapeta
paper de paret
Obraz
quadre
Lampa
làmpada
Regał
prestatge
Szafa
armari
Telewizor
televisor
Komin
escalfapanxes
Kwiat
flor
Poduszka
coixí
Kanapa
sofà
Wazon
gerro
Pilot
telecomanda

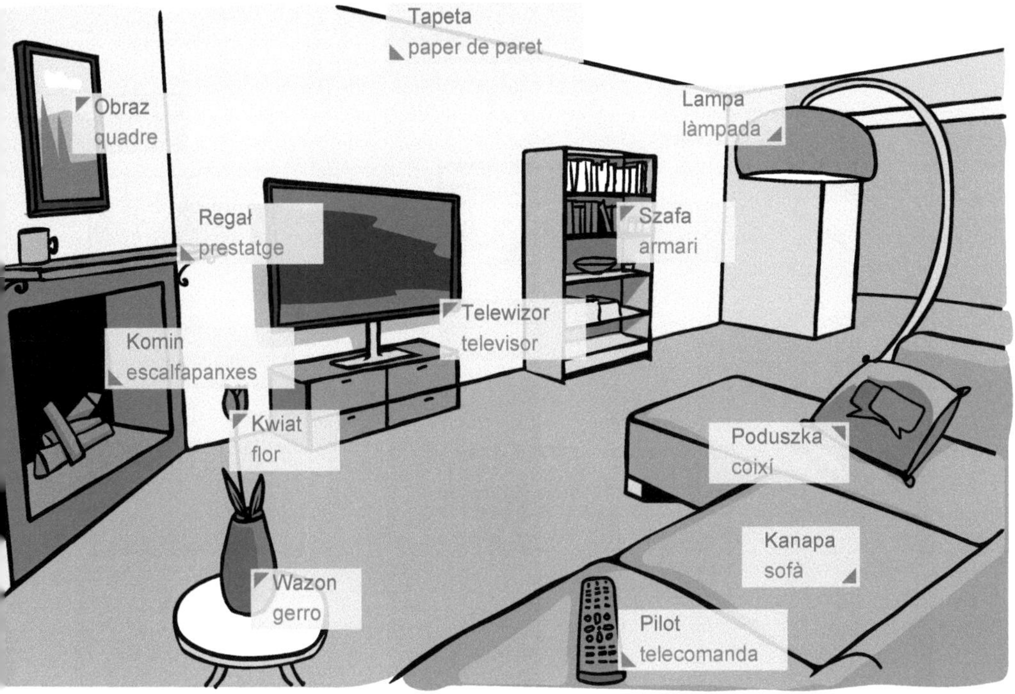

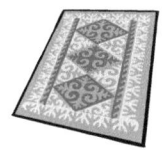

Dywan

catifa

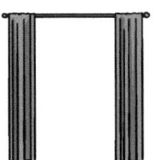

Zasłona

cortina

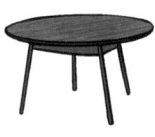

Stół

taula

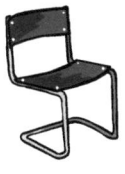

Krzesło

cadira

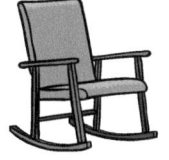

Bujak

cadira gronxadora

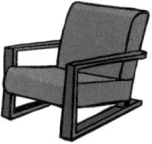

Fotel

cadiral

Książka
....
llibre

Sufit
....
llençol

Dekoracja
....
decoració

Drewno kominkowe
....
llenya

Film
....
film

Instalacja stereo
....
cadena de música

Klucz
....
clau

Gazeta
....
diari

Malunek
....
pintura

Plakat
....
cartell

Radio
....
ràdio

Notatnik
....
bloc de notes

Odkurzacz
....
aspiradora

Kaktus
....
cactus

Świeczka
....
candela

Kuchnia
cuina

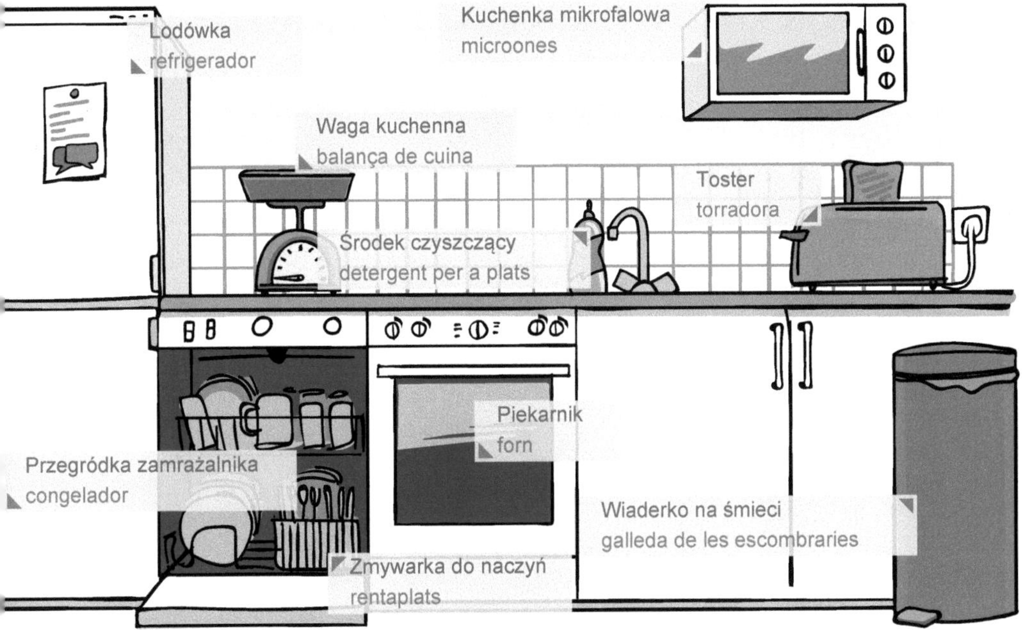
Lodówka
refrigerador
Kuchenka mikrofalowa
microones
Waga kuchenna
balança de cuina
Toster
torradora
Środek czyszczący
detergent per a plats
Piekarnik
forn
Przegródka zamrażalnika
congelador
Wiaderko na śmieci
galleda de les escombraries
Zmywarka do naczyń
rentaplats

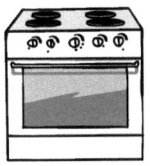

Kuchenka
cuina de fogons

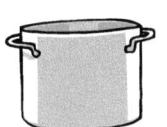

Garnek
olla

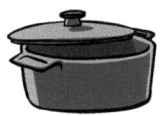

Kocioł żeliwny
olla de ferro colat

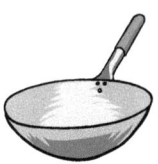

Wok / Kadai
wok / karahi

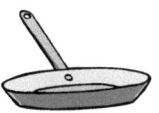

Patelnia
paella

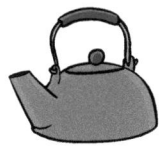

Czajnik
bullidor

Parowar

olla de vapor

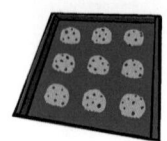

Blacha do pieczenia

plata de forn

Naczynia kuchenne

vaixella

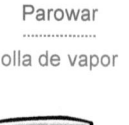

Kubek

tassa grossa

Miska

bol

Pałeczki

bastonets xinesos

Nabierka

culler

Łopatka do smażenia

espàtula

Trzepaczka do śmietany

batedor

Cedzak

colador

Sitko

sedàs

Tarka

ratllador

Moździerz

morter

Grillowanie

barbacoa

Palenisko

foc a terra

Deska

taula de tallar

Wałek do ciasta

corró

Korkociąg

llevataps

Puszka

pot de conserva

Otwieracz do puszek

obridor

Ściereczka do trzymania garnka

agafador

Umywalka

aigüera

Szczotka

raspall

Gąbka

esponja

Mikser

batedora

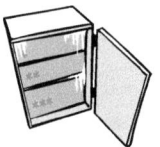

Zamrażarka

congelador

Butelka dla niemowlęcia

biberó

Kran

aixeta

bany

Ogrzewanie
calefacció

Prysznic
dutxa

Ręcznik
tovallola

Kotara prysznicowa
cortina de dutxa

Płyn do kąpieli
bany de bombolles

Wanna kąpielowa
banyera

Szklanka
got

Pralka
rentadora

Kran
aixeta

Kafelki
rajoles

Nocnik
orinal

Umywalka
aigüera

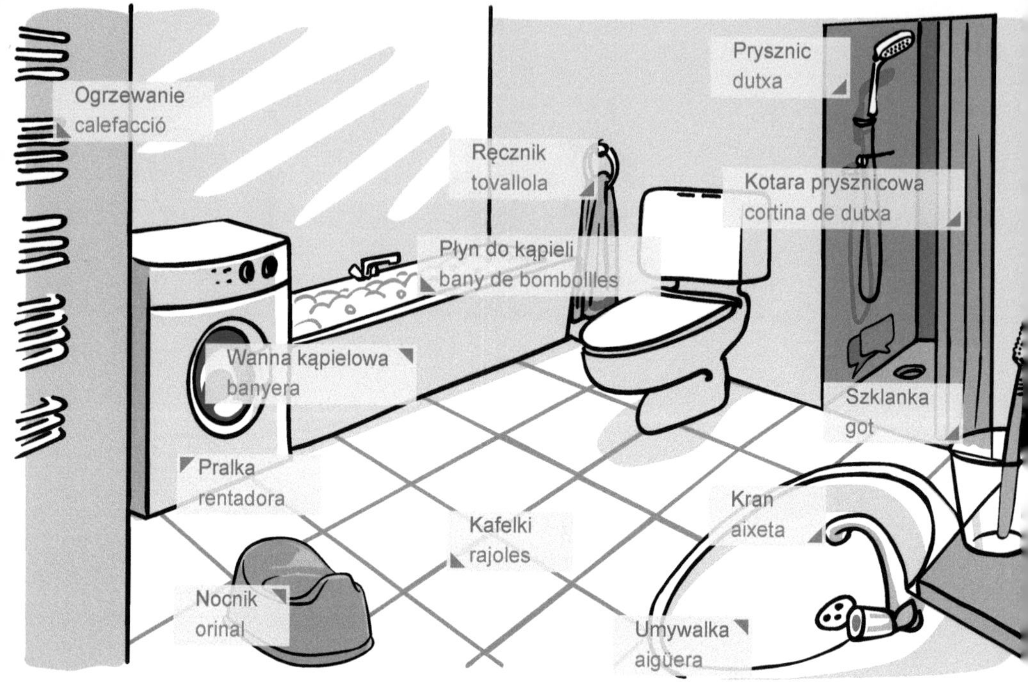

Toaleta

lavabo

Toaleta kuczna

lavabo turc

Bidet

bidet

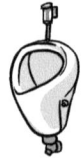

Pisuar

orinador

Papier toaletowy

paper higiènic

Szczotka toaletowa

escombreta de sanitari

Szczoteczka do zębów

raspall de dents

Pasta do zębów

pasta de dents

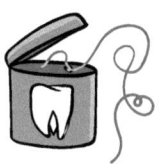

Nitki do czyszczenia zębów

fil dental

myć

rentar

Głowica prysznicowa

pom de dutxa

Płyn kąpielowy do higieny intymnej

dutxa íntima

Miska do mycia

rentamans

Szczotka kąpielowa

raspall per a l'esquena

Mydło

sabó

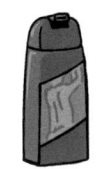

Żel prysznicowy

gel de dutxa

Szampon

xampú

Rękawica kąpielowa

manyopla de bany

Odpływ

bonera

Krem

crema

Dezodorant

desodorant

Lustro

mirall

Lustro kosmetyczne

mirall-espill de mà

Golarka

maquineta de rasar

Pianka do golenia

espuma de barbejar

Woda po goleniu

loció post-rasada

Grzebień

pinta

Szczotka

raspall

Suszarka do włosów

eixugador

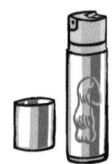

Spray do włosów

laca

Makijaż

maquillatge

Pomadka

pintallavis

Lakier do paznokci

esmalt d'ungles

Wata

cotó

Nożyczki do paznokci

tallaungles

Perfum

perfum

Kosmetyczka

estoig de bellesa

Taboret

tamboret

Waga

bàscula

Szlafrok kąpielowy

barnús

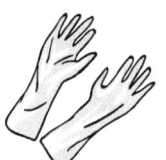

Rękawice gumowe

guants de goma

Tampon

compresa higiènica

Podpaska damska

compresa

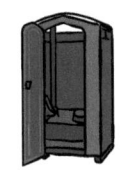

Toaleta chemiczna

sanitari químic

Pokój dziecięcy

cambra de nen

Budzik
despertador
Pluszowa przytulanka
animal de peluix
Samochodzik
auto de joguina
Grzechotka
sonall
Domek dla lalek
casa de nines
Prezent
present

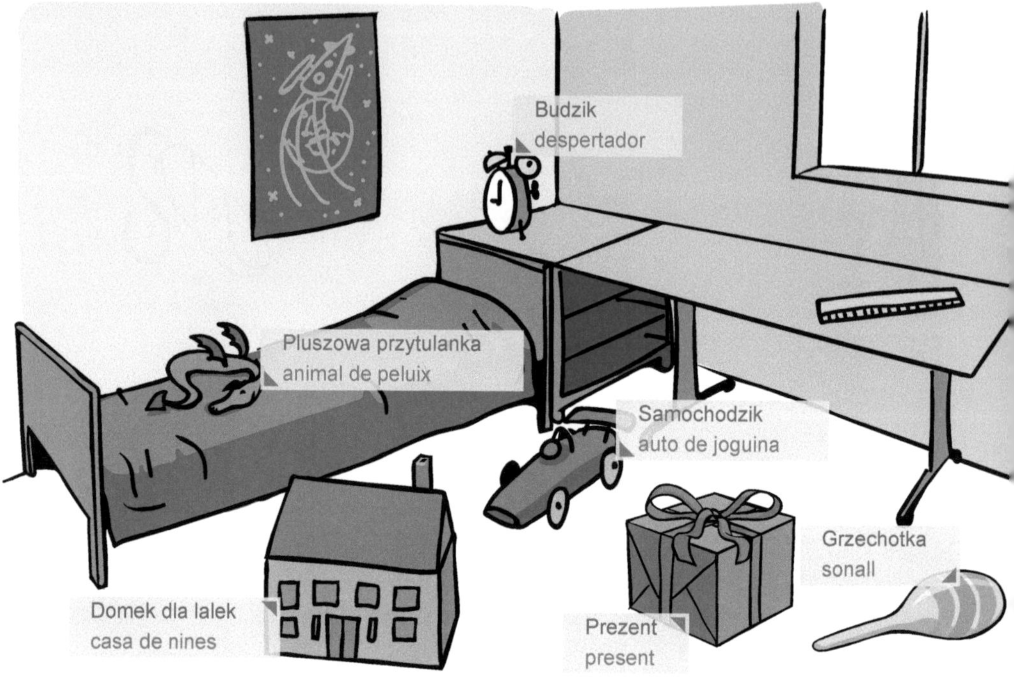

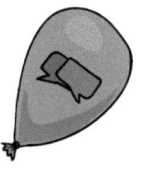

Balon
baló

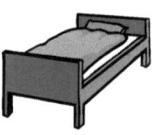

Łóżko
llit

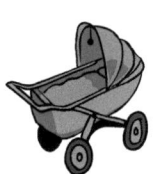

Wózek dziecięcy
cotxet per a nens

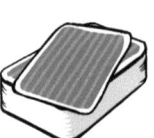

Gra w karty
joc de cartes

Puzzle
trencaclosca

SUPER
MEGA

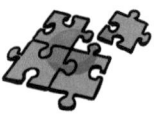

Komiks
historieta

Klocki lego

peces de lego

Klocki

peces de construcció

Action figura

ninot d'acció

Śpioszek dziecięcy

granota

Frisbee

frisbee

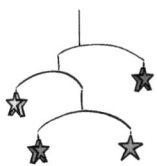

Zabawki ruchome

mòbil per a bressol

Gra planszowa

joc de taula

Kości

daus

Kolejka elektryczna

tren elèctric

Smoczek

xumet

Przyjęcie

festa

Książka z ilustracjami

llibre de dibuixos

Piłka

pilota

Lalka

nina

bawić się

jugar

Piaskownica

sorrera

Huśtawka

gronxador

Zabawki

joguines

Konsola do gier

consola de jocs de vídeo

Rowerek trójkołowy

tricicle

Pluszowy miś

osset de peluix

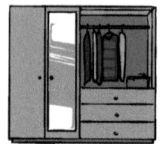

Szafa ubraniowa

armari

Ubiór

roba

Skarpety

mitjons

Pończochy

mitges

Rajstopy

mitja pantaló

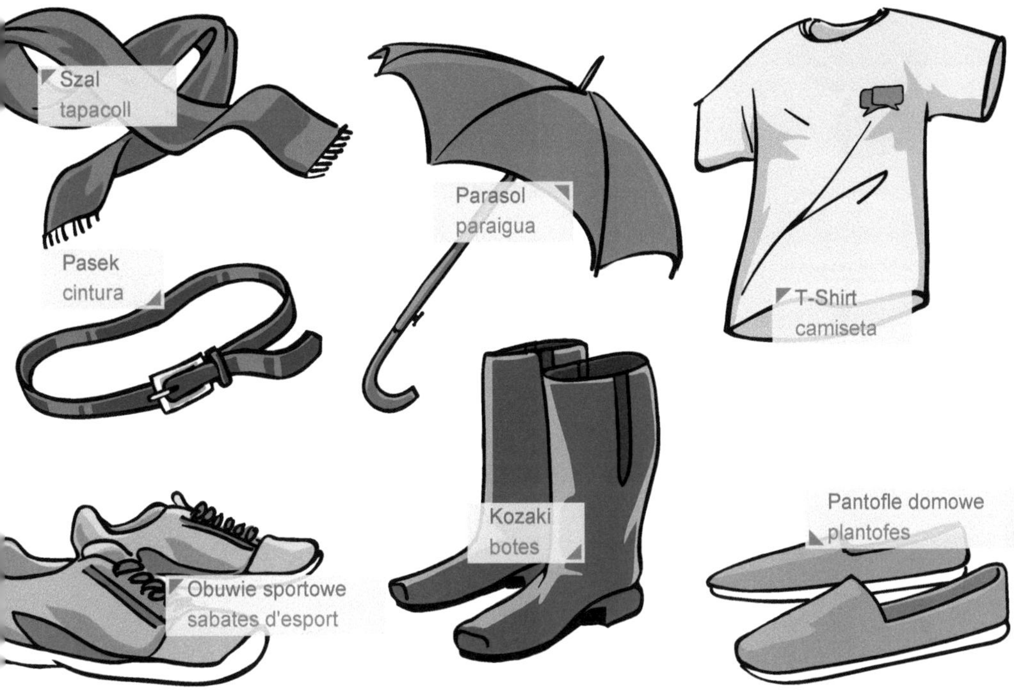

Szal
tapacoll

Parasol
paraigua

Pasek
cintura

T-Shirt
camiseta

Kozaki
botes

Pantofle domowe
plantofes

Obuwie sportowe
sabates d'esport

Sandały
....
sandàlies

Buty
....
sabates

Kalosze
....
botes de goma

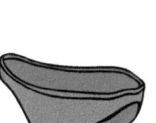

Majtki
....
calçonets

Biustonosz
....
sostenidor

Podkoszulek
....
guardapits

Body

jjustacòs

Spodnie

pantalons

Dżins

jeans

Spódnica

faldeta

Bluzka

brusa

Koszula

camisa

Pulower

jersei

Bluza sportowa

dessuadora

Marynarka

blazer

Kurtka

jaqueta

Płaszcz

mantell

Płaszcz przeciwdeszczowy

impermeable

Kostium

vestit de dona

Sukienka

vestit de dona

Suknia ślubna

vestit de núvia

Garnitur męski

vestit d'home

Koszula nocna

camisa de dormir

Piżama

pijama

Sari

sari

Chusta na głowę

mocador de cap

Turban

turbant

Burka

burca

Kaftan

caftan

Abaya

abaia

Strój kąpielowy

vestit de bany

Kąpielówki

calçon(et)s de bany

Krótkie spodnie

pantalons curts

Dres sportowy

xandall

Fartuch

davantal

Rękawiczki

guants

Guzik

botó

Okulary

ulleres

Bransoletka

braçalet

Łańcuszek

collaret

Pierścionek

anell

Kolczyk

orellera

Czapka

casquet

Wieszak

penjador

Kapelusz

capell

Krawat

corbata

Zamek błyskawiczny

cremallera

Kask

casc

Szelki

elàstics

Mundurek szkolny

uniforme escolar

Mundur

uniforme

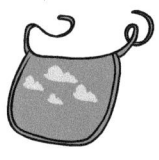

Śliniaczek

pitet

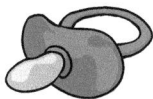

Smoczek

xumet

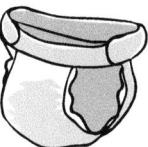

Pieluszka

bolquer

Biuro

oficina

Serwer
servidor
Szafa na akta
armari arxivador
Drukarka
impressora
Papier
paper
Monitor
monitor
Mysz
ratolí
Biurko
escriptori
Segregator
arxivador
Klawiatura
teclat
Kosz na odpadki
paperera
Komputer
ordinador
Krzesło
cadira

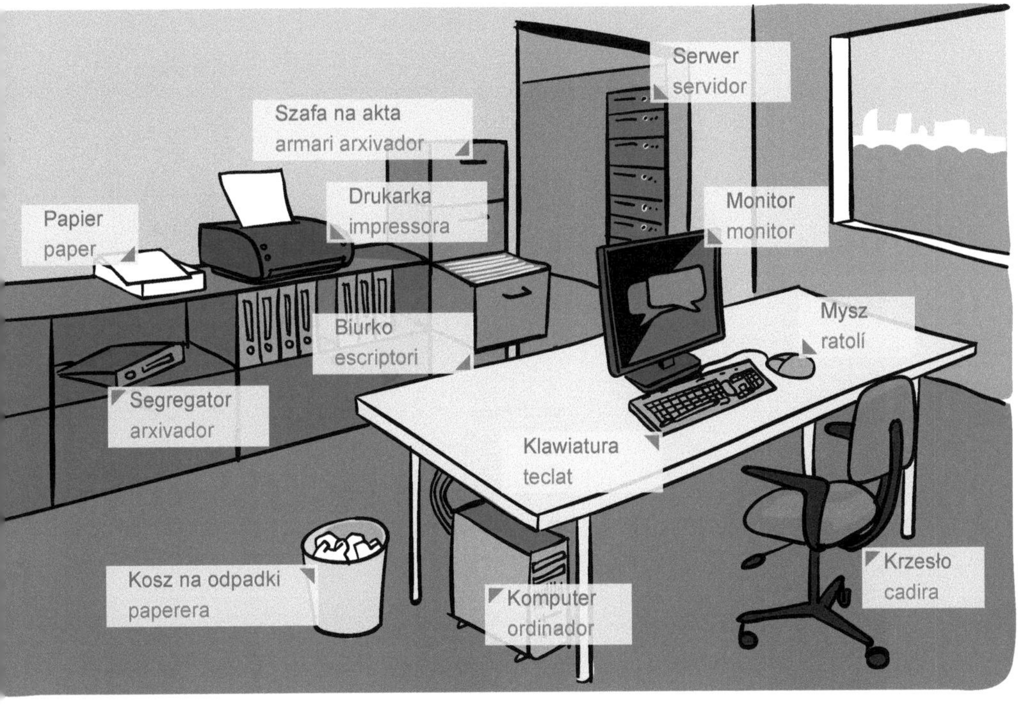

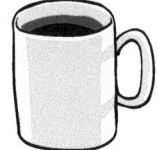

Filiżanka do kawy

tassa de cafè

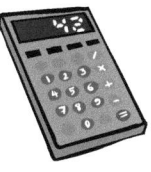

Kalkulator

calculadora

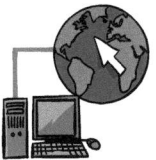

Internet

Internet

Laptop

ordinador portàtil

List

lletra

Wiadomość

missatge

Komórka

mòbil

Sieć

xarxa

Kopiarka

fotocopiadora

Oprogramowanie

programari

Telefon

telèfon

Gniazdko

presa de corrent

Faks

fax

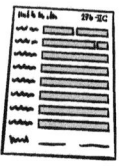

Formularz

formulari

Dokument

document

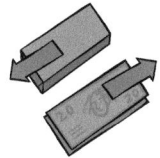

kupić

comprar

płacić

pagar

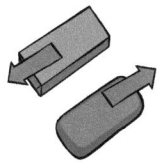

postępować

comerciar

Pieniądze

diners

Dolar

dòlar

Euro

euro

Jen

ien

Rubel

ruble

Frank

franc suís

Juan Renminbi

renminbi

Rupia

rupia

Bankomat

caixa automàtica

Kantor wymiany walut

oficina de canvi

Złoto

or

Srebro

argent

Olej

petroli

Energia

energia

Cena

preu

Umowa

contracte

Podatek

impost

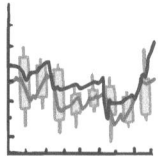

Akcja

acció

pracować

treballar

Pracownik umysłowy

treballador

Pracodawca

empresari

Fabryka

fàbrica

Sklep

botiga

Zawody
oficis

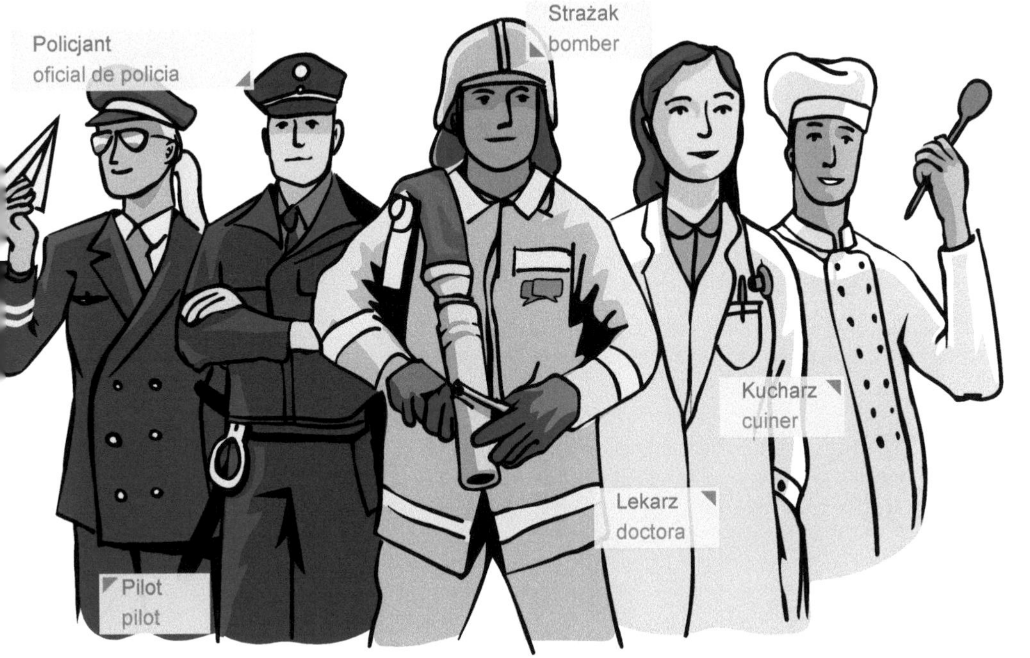
Policjant
oficial de policia
Strażak
bomber
Kucharz
cuiner
Lekarz
doctora
Pilot
pilot

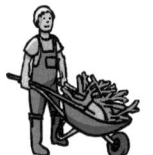

Ogrodnik

jardiner

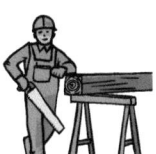

Stolarz

fuster

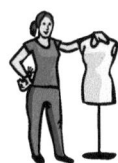

Krawcowa

costurera

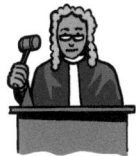

Sędzia

jutge

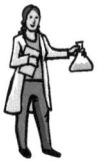

Chemik

química

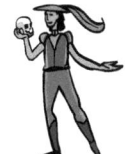

Aktor

actor

Kierowca autobusu

conductor d'autobús

Taksówkarz

taxista

Fischer

pescador

Sprzątaczka

dona de la neteja

Dekarz

ensostrador

Kelner

cambrer

Myśliwy

caçador

Malarz

pintor

Piekarz

forner

Elektryk

electricista

Robotnik budowlany

obrer de la construcció

Inżynier

enginyer

Rzeźnik

carnisser

Instalator

llanterner

Listonosz

correu

Żołnierz

soldat

Architekt

arquitecte

Kasjer

caixera

Florysta

florista

Fryzjer

perruquer

Konduktor

revisor

Mechanik

mecànic

Kapitan

capità

Dentysta

dentista

Naukowiec

científic

Rabin

rabí

Imam

imam

Mnich

monjo

Proboszcz

capellà

Narzędzia

eines

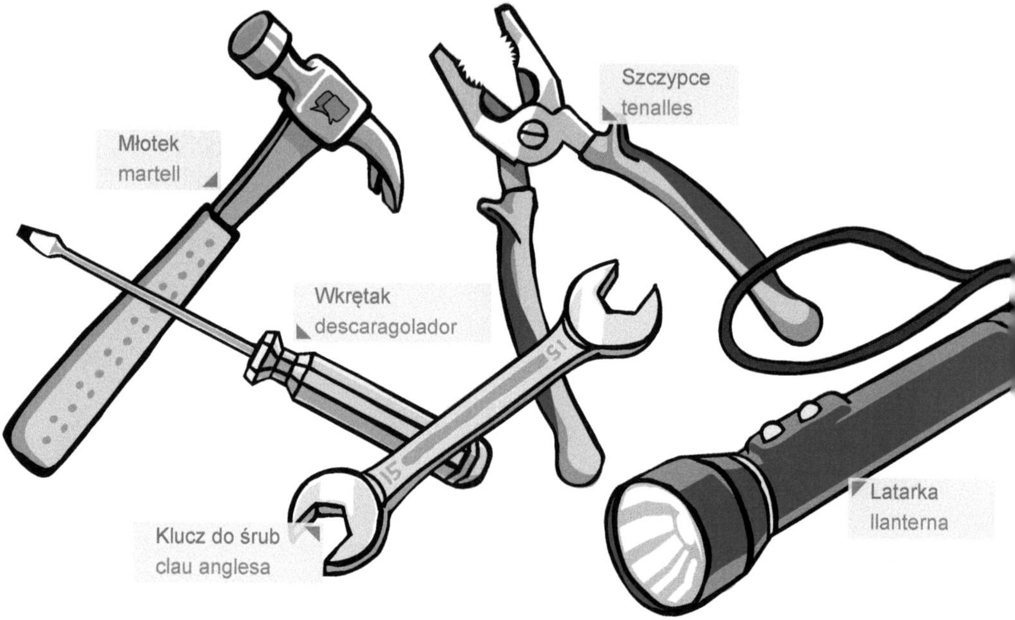

Młotek
martell
Szczypce
tenalles
Wkrętak
descaragolador
Klucz do śrub
clau anglesa
Latarka
llanterna

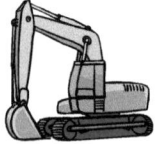

Koparka

excavadora

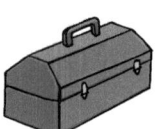

Skrzynka narzędziowa

caixa d'eines

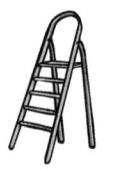

Drabina

escala

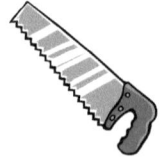

Piła

serra

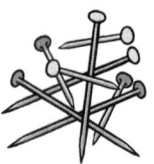

Gwoździe

claus

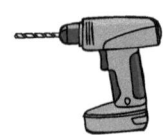

Wiertło

trepant

naprawić
....
reparar

Łopatka
....
pala

Cholera!
....
Maleït siga!

Szufelka
....
pala

Puszka z farbą
....
pot de pintura

Śruby
....
caragols

Instrumenty muzyczne
instrument de música

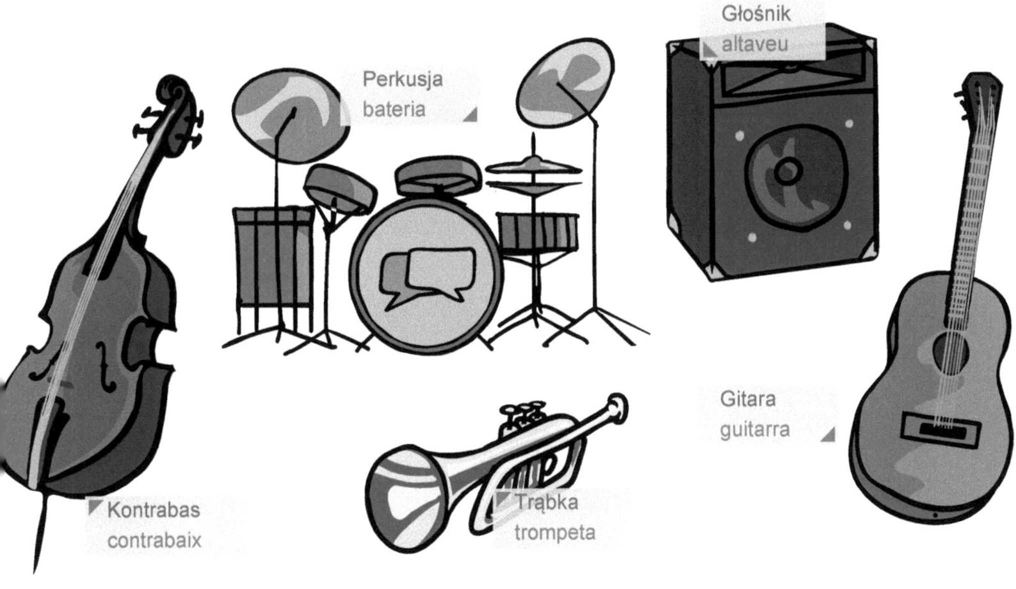

Głośnik
altaveu

Perkusja
bateria

Kontrabas
contrabaix

Trąbka
trompeta

Gitara
guitarra

Pianino

piano

Skrzypce

violí

Bas

baix

Kotły

timbal

Bęben

tambor

Keyboard

teclat

Saksofon

saxofon

Flet

flauta

Mikrofon

micròfon

Zoo

zoo

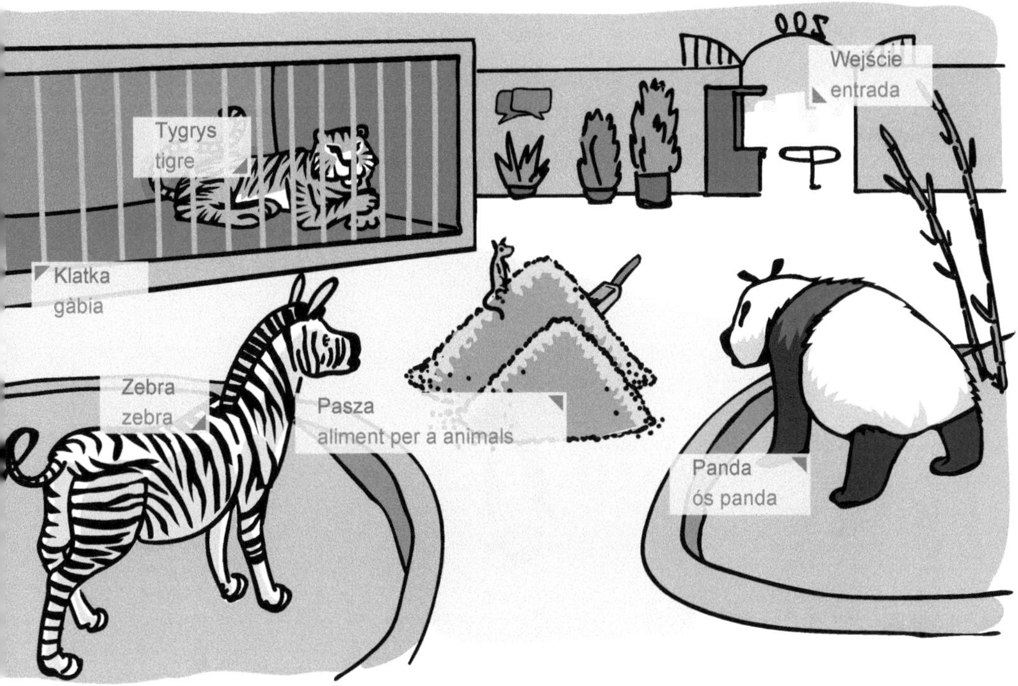

Tygrys
tigre
Wejście
entrada
Klatka
gàbia
Zebra
zebra
Pasza
aliment per a animals
Panda
ós panda

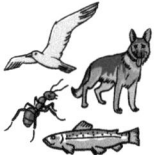

Zwierzęta

animals

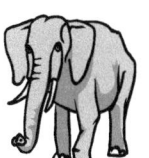

Słoń

elefant

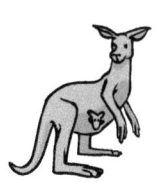

Kangur

cangurú

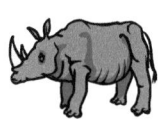

Nosorożec

rinoceront

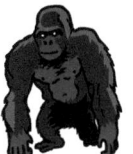

Goryl

goril·la

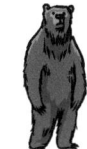

Niedźwiedź

ós

Wielbłąd

camell

Struś

estruç

Lew

lleó

Małpa

simi

Fleming

flamenc

Papuga

papagai

Niedźwiedź polarny

ós polar

Pingwin

pingüí

Rekin

ca mari

Paw

paó

Wąż

serp

Krokodyl

cocodril

Dozorca w zoo

guardià del zoo

Foka

foca

Jaguar

jaguar

Kucyk

poni

Gepard

lleopard

Hipopotam

hipopòtam

Żyrafa

girafa

Orzeł

àliga

Dzik

senglar

Ryba

peix

Żółw

tortuga

Mors

morsa

Lis

guineu

Gazela

gasela

Futbol amerykański
futbol america

Kolarstwo
ciclisme

Tenis
tenis

Koszykówka
bàsquet

Pływanie
natació

Boks
boxa

Hokej na lodzie
hoquei sobre gel

Piłka nożna
futbol america

Badminton
bàdminton

Lekka atletyka
atletisme

Piłka ręczna
handbol

Narciarstwo
esquí

Polo
polo

Działania
activitats

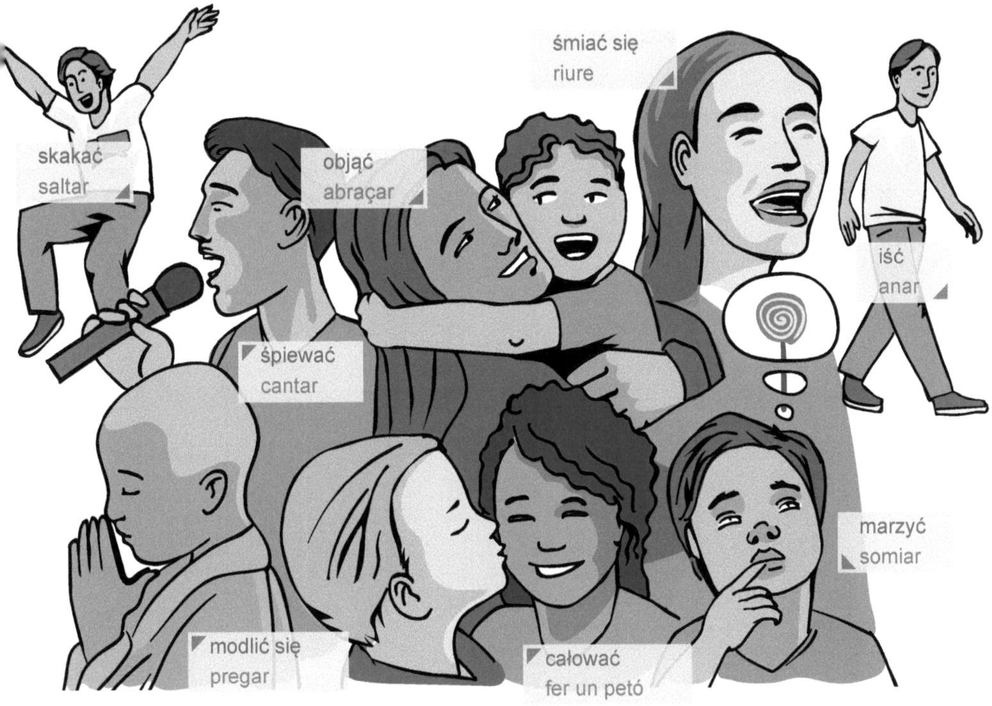

skakać
saltar
objąć
abraçar
śmiać się
riure
iść
anar
śpiewać
cantar
marzyć
somiar
modlić się
pregar
całować
fer un petó

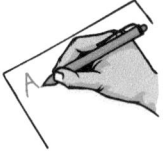

pisać

escriure

rysować

dibuixar

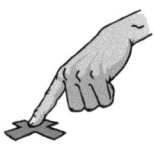

pokazywać

mostrar

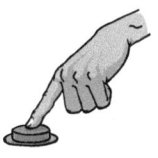

nacisnąć

pitjar

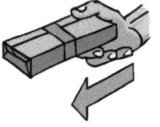

dać

donar

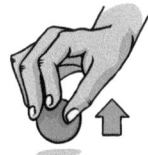

wziąć

prendre

mieć
....
tenir

robić
....
fer

być
....
ésser

stać
....
estar dret

biegać
....
córrer

ciągnąć
....
estirar

rzucać
....
llançar

spaść
....
caure

leżeć
....
jeure

czekać
....
esperar

nosić
....
portar

siedzieć
....
asseure's

zakładać
....
vestir-se

spać
....
dormir

budzić się
....
despertar-se

Działania - activitats

spojrzeć

mirar

płakać

plorar

głaskać

amoixar

czesać się

pentinar

mówić

parlar

rozumieć

comprendre

pytać

demanar

słyszeć

escoltar

pić

beure

jeść

menjar

sprzątać

endreçar

kochać

estimar

gotować

cuinar

jechać

conduir

latać

volar

żeglować

navegar

liczyć

calcular

czytać

llegir

uczyć się

aprendre

pracować

treballar

wejść w związek małżeński

casar-se

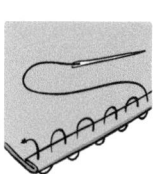

szyć

cosir

myć zęby

raspallar-se les dents

zabić

matar

palić tytoń

fumar

wysłać

enviar

Rodzina
família

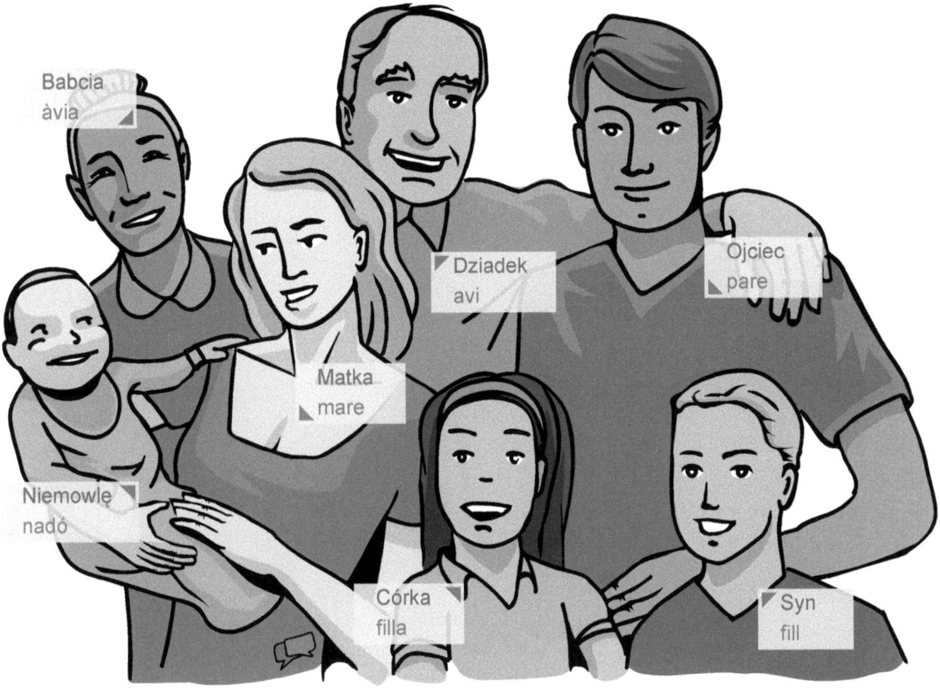
Babcia
àvia
Dziadek
avi
Ojciec
pare
Matka
mare
Niemowlę
nadó
Córka
filla
Syn
fill

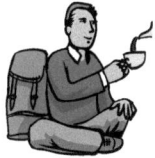

Gość
convidat

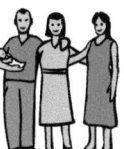

Ciotka
tia

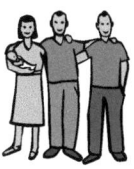

Wujek
oncle

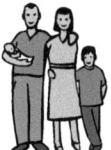

Brat
germà

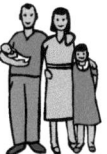

Siostra
germana

Ciało

cos

Czoło
front
Oko
ull
Ramię
espatlla
Palec
dit
Twarz
cara
Broda
barbeta
Ręka
mà
Noga
cama
Pierś
pit
Ramię
braç

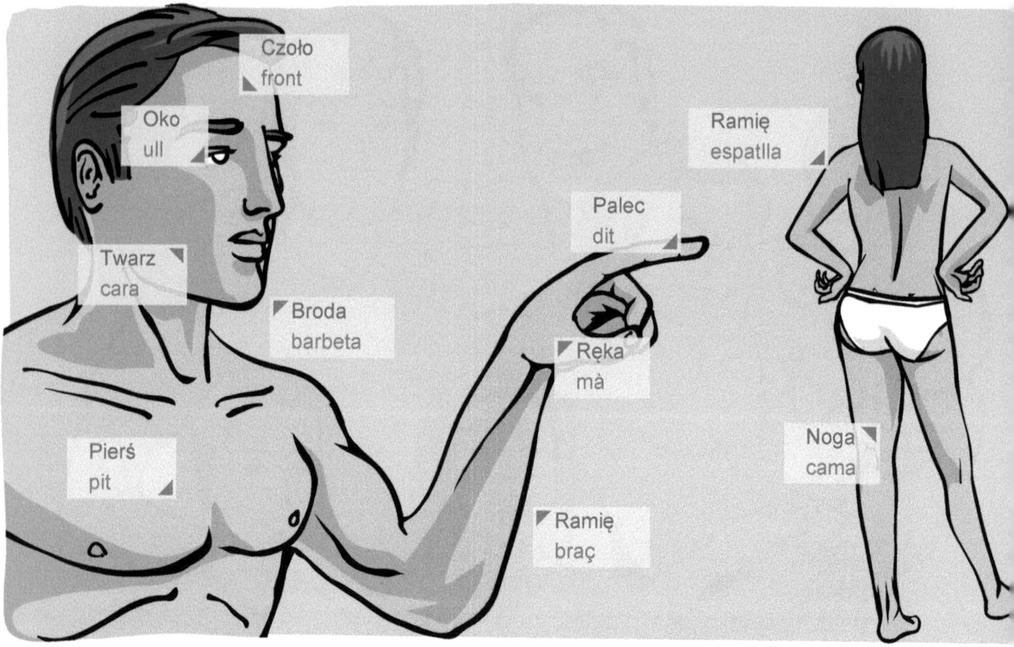

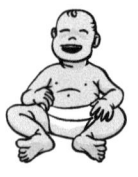

Niemowlę

nadó

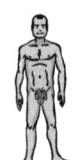

Mężczyzna

home

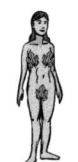

Kobieta

dona

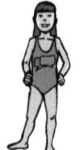

Dziewczyna

noia

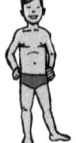

Chłopiec

noi

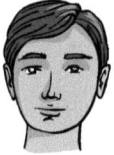

Głowa

cap

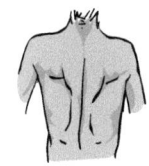	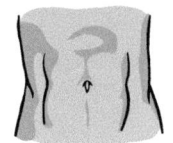	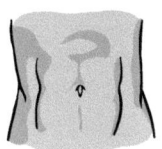
Plecy	Brzuch	Pępek
esquena	panxa	melic
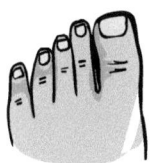	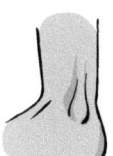	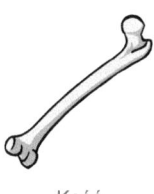
palec nogi	Pięta	Kość
dit gros del peu	taló	os
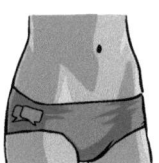	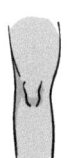	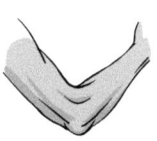
Biodro	Kolano	Łokieć
maluc	genoll	colze

Nos	Pośladki	Skóra
nas	cul	pell
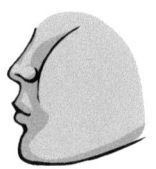	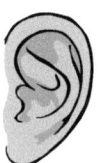	
Policzek	Uszy	Warga
galta	orella	llavi

Usta

boca

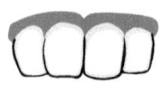

Ząb

dent

Język

llengua

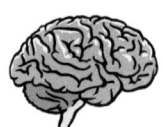

Mózg

cervell

Serce

cor

Mięsień

múscul

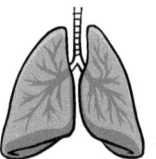

Płuca

pulmó

Wątroba

fetge

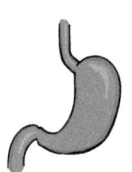

Żołądek

estómac

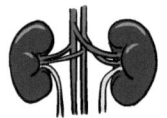

Nerki

ronyó

Stosunek płciowy

relació sexual

Kondom

preservatiu

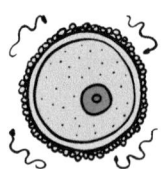

Komórka jajowa

ovari

Sperma

semen

Ciąża

prenyat

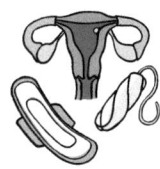

Menstruacja

menstruació

Wagina

vagina

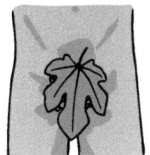

Penis

penis

Brew

cella

Włosy

cabells

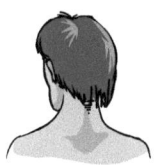

Szyja

coll

Szpital
hospital

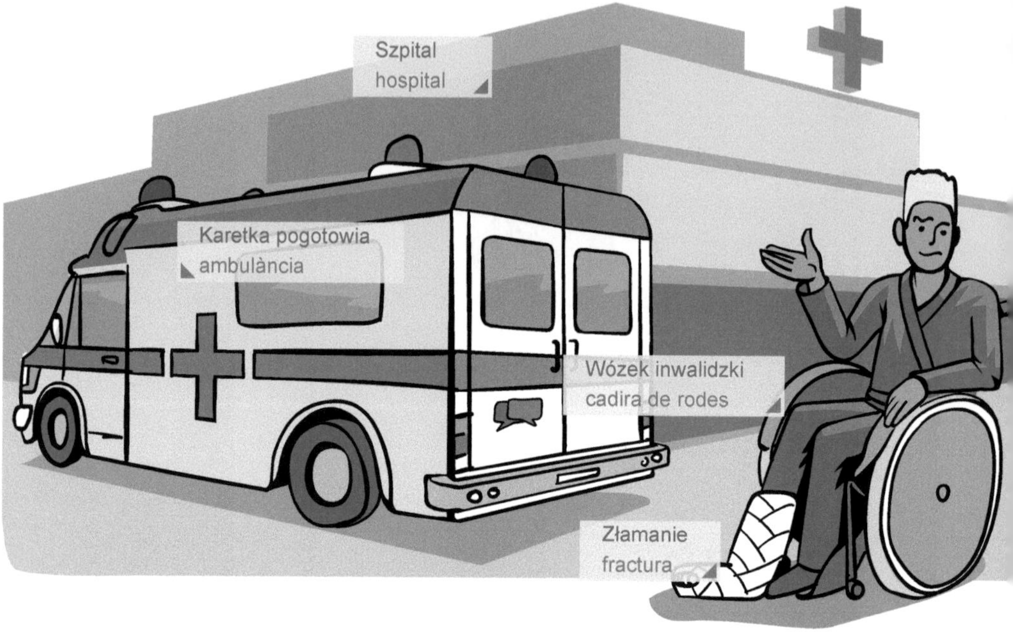

Szpital
hospital
Karetka pogotowia
ambulància
Wózek inwalidzki
cadira de rodes
Złamanie
fractura

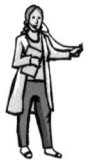

Lekarz

doctora

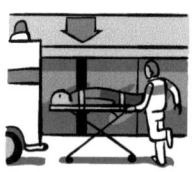

Izba przyjęć

sala d'urgències

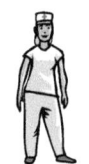

Pielęgniarka

infermera

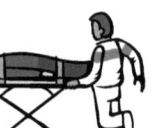

Nagły przypadek

urgència

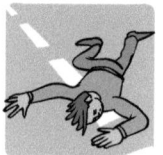

nieprzytomny

inconscient

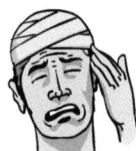

Ból

dolor

Skaleczenie

ferida

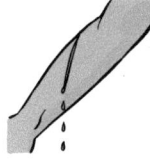

Krwawienie

sagnament

Zawał serca

atac de cor

Udar mózgu

apoplexia

Alergia

al·lèrgia

Kaszleć

tos

Gorączka

febre

Grypa

gripa

Biegunka

diarrea

Ból głowy

mal de cap

Rak

càncer

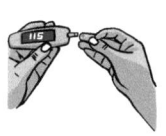

Cukrzyca

diabetis

Chirurg

cirurgià

Skalpel

escalpel

Operacja

operació

	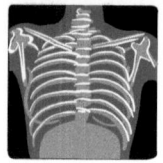	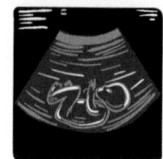
CT	Rentgen	Ultradźwięki
tomografia computada (TC), TAC	raigs x	ultrasò

Maska	Choroba	Poczekalnia
mascareta	malaltia	sala d'espera
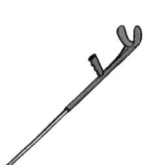		
Kula	Plaster	Opatrunek
crossa	tireta	embenat
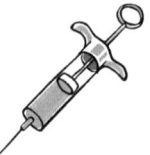	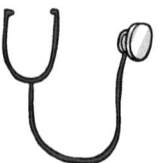	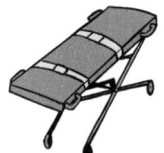
Iniekcja	Stetoskop	Nosze
injecció	estetoscopi	llitera

Termometr	Poród	Nadwaga
termòmetre clínic	pariment	sobrepès

Aparat słuchowy

aparell auditiu

Środek dezynfekcyjny

desinfectant

Infekcja

infecció

Wirus

virus

HIV / AIDS

VIH / SIDA

Medycyna

medicina

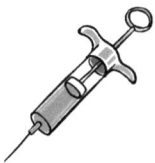

Szczepienie

vaccí

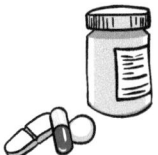

Tabletki

comprimits

Pigułka

píl·lola

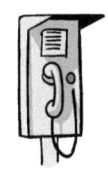

Telefon ratunkowy

trucada d'urgència

Ciśnieniomierz krwi

tensiòmetre

chory / zdrowy

malalt / sà

Pomocy!

Socors!

Alarm

alarma

Napad

assalt

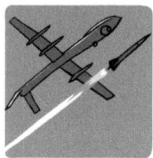

Atak

atac

Niebezpieczeństwo

perill

Wyjście awaryjne

sortida-eixida d'urgència

Pożar!

Foc!

Gaśnica

extintor

Wypadek

accident

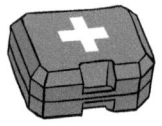

Walizeczka pierwszej pomocy

farmaciola de primers auxilis

SOS

SOS

Policja

policia

Europa	Ameryka Północna	Ameryka Południowa
Europa	Amèrica del Nord	Amèrica del Sud

Afryka	Azja	Australia
Àfrica	Àsia	Austràlia

 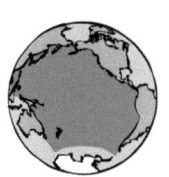 

Atlantyk	Pacyfik	Ocean Indyjski
Atlàntic	Pacífic	Oceà Índic

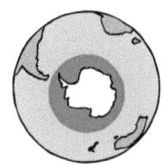  

Ocean Antarktyczny	Ocean Arktyczny	Biegun północny
Oceà Antàrtic	Oceà Àrtic	pol nord

Biegun południowy

pol sud

Antarktyda

Antàrtida

Ziemia

terra

Kraj

país

Morze

mar

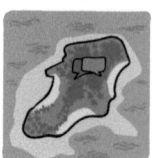

Wyspa

illa

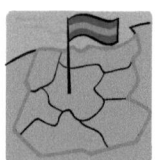

Naród

nació

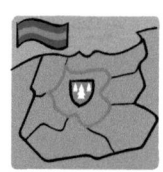

Państwo

estat

Cyferblat

quadrant

Wskazówka godzinowa

agulla de les hores

Wskazówka minutowa

agulla dels minuts

Wskazówka sekundowa

agulla dels segons

Która godzina?

Quina hora és?

Dzień

dia

Czas

temps

teraz

ara

Zegarek digitalny

rellotge digital

Minuta

minut

Godzina

hora

Tydzień
setmana

Poniedziałek
dilluns

MO

TU

Wtorek
dimarts

Środa
dimecres

W

TH

Czwartek
dijous

Sobota
dissabte

SA

Piątek
divendres

FR

SO

Niedziela
diumenge

wczoraj
....
ahir

dzisiaj
....
avui

jutro
....
demà

Rano
....
matí

Południe
....
migdia

Wieczór
....
tarda

Dni robocze
....
dia feiner

Weekend
....
cap de setmana

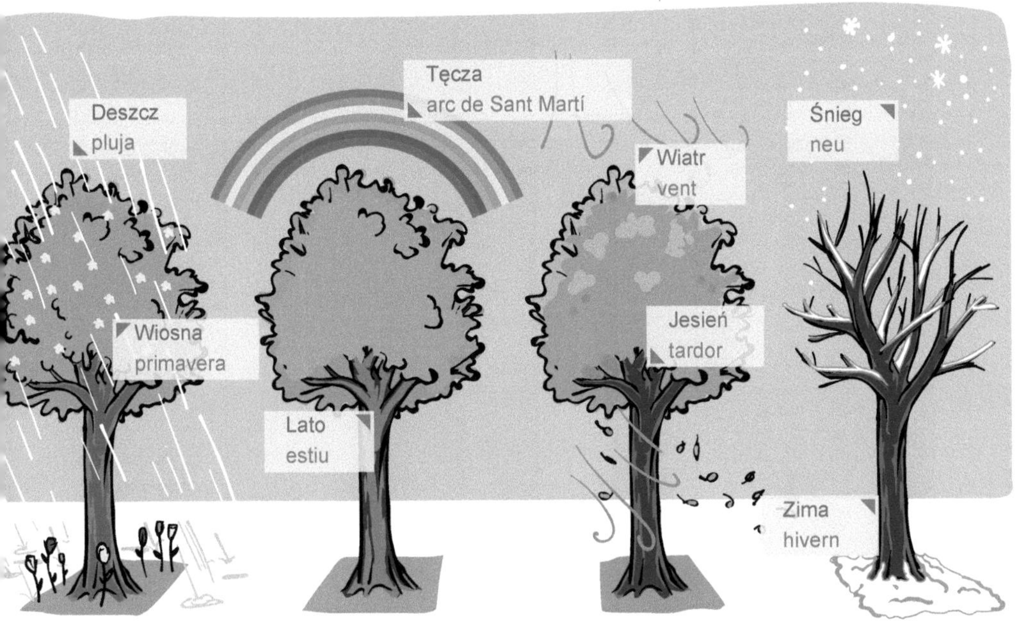

Tęcza
arc de Sant Martí
Deszcz
pluja
Śnieg
neu
Wiatr
vent
Wiosna
primavera
Jesień
tardor
Lato
estiu
Zima
hivern

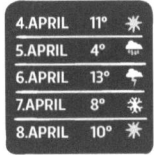

4.APRIL 11°
5.APRIL 4°
6.APRIL 13°
7.APRIL 8°
8.APRIL 10°

Prognoza pogody

pronòstic del temps

F
C
120
90
60
30
0
-30
40
30
20
10
0
-10
-20

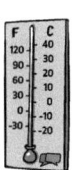

Termometr

termòmetre

Światło słoneczne

llum del sol

Chmura

núvol

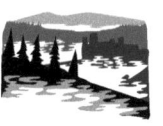

Mgła

boira

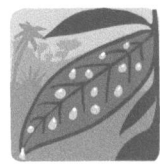

Wilgotność powietrza

humiditat de l'aire

Błyskawica

llamp

Grzmot

tro

Sztorm

tempesta

Grad

calamarsa

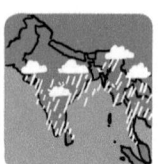

Monsun

monsó

Potop

inundació

Lód

gel

Styczeń

gener

Luty

febrer

Marzec

març

Kwiecień

abril

Maj

maig

Czerwiec

juny

Lipiec

juliol

Sierpień

agost

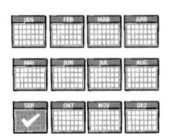

Wrzesień
....
setembre

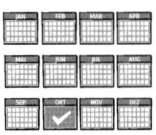

Październik
....
octubre

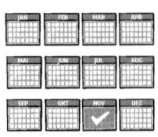

Listopad
....
novembre

Grudzień
....
desembre

Kształty
formes

Koło
....
cercle

Kwadrat
....
quadrat

Prostokąt
....
rectangle

Trójkąt
....
triangle

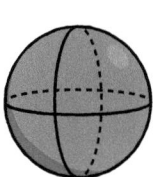

Kula
....
esfera

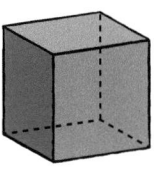

Sześcian
....
cub

biały
....
blanc

żółty
....
groc

pomarańczowy
....
taronja

różowy
....
rosa

czerwony
....
vermell

liliowy
....
lila

niebieski
....
blau

zielony
....
verd

brązowy
....
marró

szary
....
gris

czarny
....
negre

dużo / mało
molt / poc

wściekły / spokojny
emprenyat / tranquil

piękny / brzydki
bonic / lleig

początek / koniec
començament / fi

duży / mały
gran / petit

jasny / ciemny
clar / fosc

brat / siostra
germà / germana

czysty / brudny
net / brut

kompletny / niekompletny
complet / incomplet

dzień / noc
dia / nit

umarły / żywy
mort / viu

szeroki / wąski
ample / estret

jadalny / niejadalny
comestible / immenjable

zły / uprzejmy
dolent / amable

podniecony / znudzony
entusiasmat / entediat

gruby / chudy
gros / prim

najpierw / na końcu
primer / darrer

przyjaciel / wróg
amic / enemic

pełen / pusty
ple / buit

twardy / miękki
dur / tou

ciężki / lekki
pesant / lleuger

głód / pragnienie
gana / set

chory / zdrowy
malalt / sà

nielegalny / legalny
il·legal / legal

inteligentny / głupi
intel·ligent / ximple

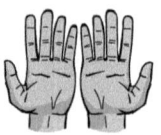
lewo / prawo
esquerra / dreta

bliski / daleki
prop / llunyà

nowy / używany

nou / usat

nic / coś

res / quelcom

stary / młody

vell / jove

włącz / wyłącz

encès / apagat

otwarty / zamknięty

obert / tancat

cichy / głośny

silenciós / sorollós

bogaty / biedny

ric / pobre

prawidłowy / błędny

correcte / incorrecte

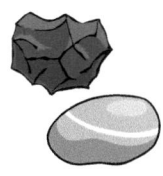

chropowaty / gładki

aspre / suau

smutny / szczęśliwy

trist / content

krótki / długi

curt / llarg

powolny / szybki

lent / ràpid

mokry/suchy

humit / sec - eixut

ciepły / chłodny

calent / fred

wojna / pokój

guerra / pau

0	**1**	**2**
zero	jeden	dwa
zero	u	dos

3	**4**	**5**
trzy	cztery	pięć
tres	quatre	cinc

6	**7**	**8**
sześć	siedem	osiem
sis	set	vuit

9	**10**	**11**
dziewięć	dziesięć	jedenaście
nou	deu	onze

12

dwanaście
dotze

13

trzynaście
tretze

14

czternaście
catorze

15

piętnaście
quinze

16

szesnaście
setze

17

siedemnaście
disset

18

osiemnaście
divuit

19

dziewiętnaście
dinou

20

dwadzieścia
vint

100

sto
cent

1.000

tysiąc
mil

1.000.000

milion
milió

Angielski

anglès

Angielski amerykański

anglès americà

Chiński mandaryński

xinès mandarí

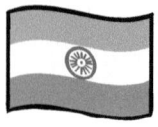

Hindi

hindi

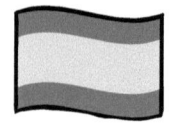

Hiszpański

espanyol

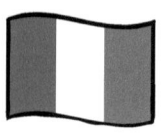

Francuski

francès

Arabski

àrab

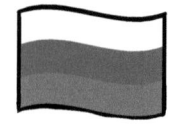

Rosyjski

rus

Portugalski

portuguès

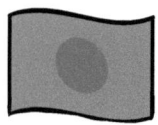

Bengalski

bengalí

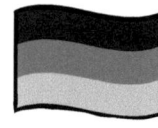

Niemiecki

alemany

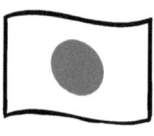

Japoński

japonès

ja

jo

ty

tu

on / ona / ono

ell / ella / allò

my

nosaltres

wy

vosaltres

oni

ells

kto?

qui?

co?

què?

jak?

com?

gdzie?

on?

kiedy?

quan?

Nazwisko

nom

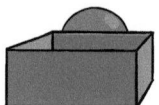

za
darrere

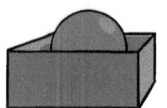

w
en

przed
davant de

powyżej
damunt

na
sobre

pod
sota

obok
al costat

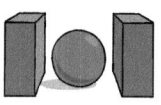

między
entre

Miejsce
lloc